VIRTUD CÍVICA
TRABAJEMOS JUNTOS

CÓMO IDENTIFICAR LAS VIRTUDES CÍVICAS BÁSICAS

JOSHUA TURNER

TRADUCIDO POR ESTHER SARFATTI

PowerKiDS press
New York

Published in 2019 by The Rosen Publishing Group, Inc.
29 East 21st Street, New York, NY 10010

First Edition

Translator: Esther Sarfatti
Editorial Director, Spanish: Nathalie Beullens-Maoui
Editor, Spanish: Ana María García
Editor, English: Melissa Raé Shofner
Book Design: Tanya Dellaccio

Photo Credits: Cover Hill Street Studios/Eric Raptosh/Blend Images/Getty Images; p. 5 (Aristotle) MidoSemsem/Shutterstock.com; p. 5 (Athens) milosk50/Shutterstock.com; p. 7 (School of Athens) SuperStock/Getty Images; p. 7 (girls in classroom) Dawn Shearer-Simonetti/Shutterstock.com; p. 8 Cris Foto/Shutterstock.com; p. 9 wavebreakmedia/Shutterstock.com; pp. 11, 21 Syda Productions/Shutterstock.com; p. 11 https://commons.wikimedia.org/wiki/File:United_States_Declaration_of_Independence.jpg; p. 13 (Supreme Court Building) Joe Ravi/Shutterstock.com; p. 13 (protest in front of the Supreme Court Building) Rena Schild/Shutterstock.com; p. 15 KidStock/Blend Images/Getty Images; p. 17 Hero Images/Getty Images; p. 19 (New York Public Library) Songquan Deng/Shutterstock.com; p. 19 (kids at school) ESB Professional/Shutterstock.com; p. 22 Alohaflaminggo/Shutterstock.com.

Cataloging-in-Publication Data

Title: Cómo identificar las virtudes cívicas básicas / Joshua Turner.
Description: New York : PowerKids Press, 2019. | Series: Virtud cívica: Trabajemos juntos | Includes index.
Identifiers: LCCN ISBN 9781538333525 (pbk.) | ISBN 9781538333518 (library bound) | ISBN 9781538333532 (6 pack)
Subjects: LCSH: Citizenship–United States–Juvenile literature. | Civics–Juvenile literature. | United States–Politics and government–Juvenile literature.
Classification: LCC JK1759.T87 2019 | DDC 323.6'50973–dc23

Manufactured in the United States of America

CPSIA Compliance Information: Batch #CS18PK: For Further Information contact Rosen Publishing, New York, New York at 1-800-237-9932

CONTENIDO

VIRTUD CÍVICA

Para que una sociedad tenga éxito, tiene que ser virtuosa. Pero ¿qué es la virtud? El **filósofo** griego Aristóteles creía que la virtud era el término intermedio entre dos ideas igualmente malas. Ser virtuoso significa vivir la vida de la manera correcta.

La virtud es importante para cualquier persona, y también es importante en la sociedad en la que vivimos. Por eso, debemos saber cómo **identificar** las virtudes cívicas básicas o las más importantes.

ATENAS, GRECIA, ES EL LUGAR DE NACIMIENTO DE LO QUE HOY CONSIDERAMOS LAS VIRTUDES CÍVICAS BÁSICAS EN ESTADOS UNIDOS.

ARISTÓTELES

CIUDADANOS EN ACCIÓN

ARISTÓTELES FUE UNO DE LOS FILÓSOFOS GRIEGOS MÁS IMPORTANTES. FUE UNA DE LAS PRIMERAS PERSONAS EN EXAMINAR LA IDEA DE LA VIRTUD Y CÓMO SE RELACIONABA CON LAS SOCIEDADES, LOS GOBIERNOS Y LOS INDIVIDUOS.

LA ANTIGUA GRECIA

La tarea de identificar las virtudes cívicas básicas comienza en la antigua Grecia. Allí, los filósofos y políticos hablaban acerca de cómo formar una buena sociedad. El filósofo Platón decidió que la virtud cívica más importante era la educación. Creía que solo los sabios debían gobernar.

Otros filósofos, como Aristóteles, creían que la mejor forma de crear una buena sociedad era enseñar a los ciudadanos a vivir correctamente para que fueran virtuosos. Estas ideas han influido mucho en cómo vemos la virtud cívica hoy.

LA ESCUELA DE ATENAS, UNA PINTURA DEL ARTISTA ITALIANO RAFAEL, MUESTRA A PLATÓN Y ARISTÓTELES (JUSTO EN EL CENTRO) HABLANDO SOBRE LA FILOSOFÍA.

PINTURA DE *LA ESCUELA DE ATENAS*

LA ANTIGUA ROMA

Los antiguos romanos usaron las ideas de los griegos como base, pero no pensaban de la misma manera acerca de la virtud cívica. Para los romanos, la virtud empezaba con el servicio al Estado. Consideraban que la virtud era dedicarse a las causas de Roma, ya fuera sirviendo en el Senado o en las fuerzas armadas.

Los romanos fueron de los primeros en reconocer como virtud básica el hecho de dar **prioridad** a tu estado, ciudad o país. Esta creencia ayudó a Roma a convertirse en el **imperio** más grande y exitoso de su tiempo.

CICERÓN

CIUDADANOS EN ACCIÓN

CINCINATO FUE UNO DE LOS CIUDADANOS ROMANOS MÁS VIRTUOSOS. LA GENTE DE ROMA LE PIDIÓ QUE TOMARA EL CONTROL DE LA CIUDAD DURANTE UN PERIODO DIFÍCIL. DESPUÉS DE GOBERNAR ROMA CON ÉXITO, REGRESÓ A SU GRANJA Y RETOMÓ SUS ACTIVIDADES NORMALES COMO CUALQUIER OTRO CIUDADANO.

LOS FILÓSOFOS Y **ESTADISTAS** ROMANOS, COMO MARCO TULIO CICERÓN, AYUDARON A IDENTIFICAR VIRTUDES CÍVICAS QUE AÚN VALORAMOS HOY.

LA ILUSTRACIÓN

La **Ilustración** abrió las puertas a nuevas virtudes cívicas, como la igualdad, la libertad de pensamiento y el respeto por la propiedad. También influyó mucho en la creación de Estados Unidos y en las virtudes que se incluyeron en la **Constitución** de Estados Unidos.

Los filósofos y pensadores de la Ilustración descubrieron nuevas virtudes y también estudiaron en profundidad las antiguas virtudes de Grecia y Roma. Esta es la razón por la cual nuestra idea actual de virtud cívica está **moldeada** por ideas de hace tanto tiempo.

LA ILUSTRACIÓN CAMBIÓ LA SOCIEDAD EUROPEA Y ABRIÓ EL CAMINO A LA FUNDACIÓN DE ESTADOS UNIDOS PORQUE OBLIGÓ A LA GENTE A PENSAR EN LAS VIRTUDES CÍVICAS QUE ERAN REALMENTE IMPORTANTES. CUANDO LA GENTE DECIDIÓ QUE QUERÍA CAMBIAR LA SOCIEDAD, TUVO QUE CAMBIAR TAMBIÉN SUS VIRTUDES.

CIUDADANOS EN ACCIÓN

LA DECLARACIÓN DE INDEPENDENCIA ANUNCIÓ LA SEPARACIÓN DE ESTADOS UNIDOS DE GRAN BRETAÑA. TAMBIÉN DESCRIBIÓ LAS NUEVAS VIRTUDES CÍVICAS QUE NOS GUIARÍAN EN LA CONSTRUCCIÓN DE NUESTRO NUEVO PAÍS: LA VIDA, LA LIBERTAD Y LA BÚSQUEDA DE LA FELICIDAD.

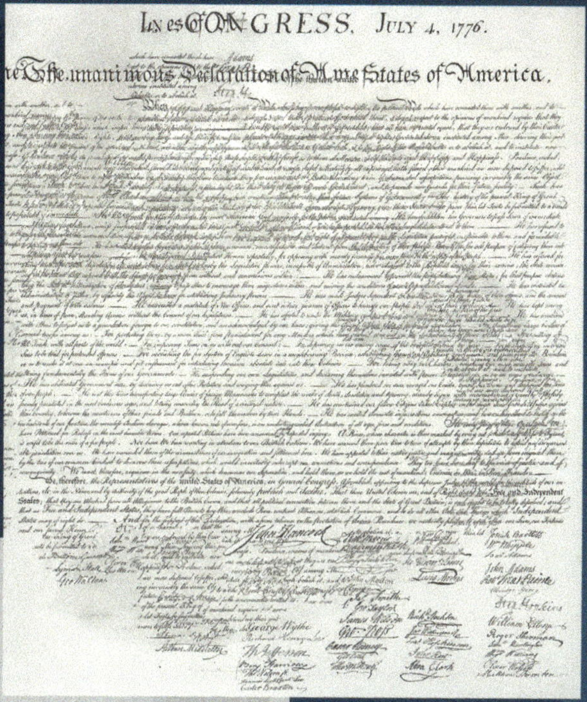
IN CONGRESS, JULY 4, 1776.
The unanimous Declaration of the thirteen united States of America.

VIRTUD VS. LEY

Tal vez te estés preguntando: "¿No son nuestras virtudes exactamente lo que las leyes y reglas nos dicen que son?" No exactamente. Cuando las sociedades crean leyes, tratan de identificar sus virtudes cívicas básicas para basar sus leyes en ellas. Esto significa que, en lugar de *decirnos* lo que son nuestras virtudes, las leyes las *reflejan* o nos permiten verlas.

Cuando se crean leyes que van en contra de nuestras virtudes, a veces hay **manifestaciones** o discusiones en el Congreso. A menudo estas leyes se cambian para reflejar mejor nuestras virtudes cívicas.

MANIFESTACIÓN EN CONTRA DE LAS POLÍTICAS DE INMIGRACIÓN DELANTE DEL TRIBUNAL SUPREMO

EL TRIBUNAL SUPREMO DE ESTADOS UNIDOS DECIDE QUÉ LEYES SON CONSTITUCIONALES Y EXAMINA CÓMO NUESTRAS LEYES ENCAJAN CON NUESTRAS VIRTUDES CÍVICAS. ES IMPORTANTE QUE NUESTRAS LEYES ESTÉN DE ACUERDO CON NUESTRAS VIRTUDES.

TRIBUNAL SUPREMO DE ESTADOS UNIDOS

VIRTUD CÍVICA: VOLUNTARIADO

Una de las virtudes cívicas más importantes para los estadounidenses es la idea de dedicar nuestro tiempo a causas justas. Hay muchas formas de hacerlo, desde ofrecerse como **voluntario** en un hospital hasta ayudar a un vecino a palear la nieve de su acera.

Se trata de dar algo a otras personas necesitadas sin pensar en recibir nada a cambio. Cuando se producen desastres naturales, mucha gente se ofrece de manera voluntaria para ayudar. Cuando algo en la sociedad es injusto, la gente protesta para cambiarlo.

SE NECESITAN VOLUNTARIOS PARA AYUDAR A RECONSTRUIR COMUNIDADES CUANDO OCURREN DESASTRES.

CIUDADANOS EN ACCIÓN

LOS DESASTRES NATURALES SON EVENTOS TERRIBLES QUE OCURREN DE PRONTO EN LA NATURALEZA, COMO LOS HURACANES Y LAS INUNDACIONES. CUANDO SE PRODUCE UN DESASTRE, LOS VOLUNTARIOS SE LANZAN A LA ACCIÓN PARA AYUDAR A LOS NECESITADOS.

VIRTUD CÍVICA: VOTAR

Otra virtud cívica importante es votar. Votar es importante porque es la única forma que tenemos de elegir directamente a las personas que queremos que nos **representen** en el Gobierno.

Sin embargo, el simple hecho de votar no es suficiente. Antes de votar, debemos informarnos acerca de los **candidatos** y saber qué defienden. La **democracia** requiere que la gente sea activa en su sociedad y que esté informada. Esto significa que siempre debemos estar al tanto de lo que pasa en el mundo que nos rodea.

SI TE IMPORTA MUCHO UN TEMA, ENCUENTRA UN CANDIDATO QUE COMPARTA TUS PUNTOS DE VISTA AL RESPECTO Y ¡VOTA POR ESA PERSONA!

¿CÓMO SE IDENTIFICA LA VIRTUD CÍVICA?

La clave para poder identificar las virtudes cívicas básicas es la educación. Una de las razones por las cuales los niños van a la escuela es para entender mejor a la sociedad y saber lo que la sociedad espera de ellos.

Identificar nuestras virtudes cívicas básicas, como votar y ofrecerse como voluntario, es uno de los aspectos más importantes de la educación. Recuerda que ir a la escuela no es solamente hacer exámenes y sacar buenas notas. Cuando termines con tus estudios, podrás ayudar a la sociedad siendo un ciudadano virtuoso.

IR A LA ESCUELA, LEER Y ACTUAR CUANDO SEA NECESARIO SON LAS MEJORES FORMAS DE IDENTIFICAR LAS VIRTUDES CÍVICAS BÁSICAS. TUS MAESTROS TE PODRÁN AYUDAR A COMPRENDER LO QUE SON LAS VIRTUDES CÍVICAS Y CÓMO PUEDES CONVERTIRLAS EN PARTE DE TU VIDA.

CIUDADANOS EN ACCIÓN

A PRINCIPIOS DEL SIGLO XIX, HORACE MANN FUE UNO DE LOS PRIMEROS AMERICANOS EN LUCHAR POR LA EDUCACIÓN PÚBLICA. ÉL CREÍA QUE OFRECER UNA EDUCACIÓN GRATUITA E IGUALITARIA PARA TODOS LOS CIUDADANOS ERA LA MEJOR FORMA DE AVANZAR CON LAS VIRTUDES CÍVICAS EN EL JOVEN PAÍS.

BIBLIOTECA PÚBLICA DE NUEVA YORK

LA VIRTUD CÍVICA EN LA ESCUELA

No es necesario esperar a terminar la escuela para practicar la virtud cívica. Hay muchas formas de comenzar ahora. Podrías dar clases a otros alumnos. Podrías ofrecer tu tiempo o dinero para ayudar a los animales abandonados. También podrías votar en las próximas elecciones estudiantiles.

La escuela no solo sirve para aprender acerca de las virtudes cívicas. También es un lugar donde puedes poner esas ideas en práctica. ¡Pregunta a tu maestro o maestra qué puedes hacer y cómo puedes ayudar!

SI ERES MUY BUENO EN ALGUNA ASIGNATURA, PUEDES AYUDAR A ALGÚN COMPAÑERO DE CLASE QUE TENGA DIFICULTADES EN ESA MATERIA DÁNDOLE CLASES PARTICULARES.

LAS VIRTUDES CÍVICAS IDENTIFICADAS

Ahora que ya sabes cuáles son nuestras virtudes cívicas básicas, de dónde vienen y por qué son importantes, te podrás convertir en un ciudadano activo y útil. Si comprendes mejor nuestras virtudes cívicas, es más probable que vivas una vida virtuosa.

Ahora puedes ayudar a hacer que la sociedad sea mejor para todos. Pero, recuerda: identificar las virtudes cívicas es solo el primer paso. Cuando pongas estas virtudes en práctica, podrás hacer el bien a lo largo de tu vida.

GLOSARIO

candidato: alguien que se presenta para un cargo público en unas elecciones.

Constitución: un documento que expone las reglas básicas según las cuales se gobierna en Estados Unidos.

democracia: tipo de gobierno en el cual todos los ciudadanos pueden participar.

estadista: persona con mucha experiencia en los asuntos de Gobierno.

filósofo: persona que trata de descubrir y comprender la naturaleza de la sabiduría.

identificar: saber lo que es algo o alguien.

Ilustración: movimiento del siglo XVIII que rechazaba las creencias tradicionales a favor de la lógica y la ciencia.

imperio: gran cantidad de tierra bajo el control de un solo gobernante.

manifestación: reunión pública en la cual la gente rechaza una idea, un acto o una forma de hacer algo.

moldear: dar forma a algo.

prioridad: algo que es más importante que otras cosas.

representar: actuar oficialmente de parte de alguien.

voluntario: persona que hace algo por los demás sin recibir nada a cambio.

ÍNDICE

SITIOS DE INTERNET

Debido a la naturaleza cambiante de los enlaces de Internet, PowerKids Press ha elaborado una lista de sitios web relacionados con el tema de este libro. Este sitio se actualiza de forma regular. Por favor, utiliza este enlace para acceder a la lista: www.powerkidslinks.com/civicv/corecv